Julian Sleigh

Résoudre ses problèmes, c'est possible !

La méthode en 12 étapes

Préface de
Rosette Poletti

Traduction de
Simone Mouton di Giovanni

jouvence
EDITIONS

Collection Pratiques Jouvence

Se réconcilier avec soi et avec les autres, Bernard Raquin, 2007

Apprendre à s'aimer, Pierre Pradervand, 2006

Accepter ce qui est, Rosette Poletti & Barbara Dobbs, 2005

Nous arriverons à nous entendre !, Marshall B. Rosenberg, 2005

Choisir ses émotions, Bernard Raquin, 2005

Réussir son couple, Christel Petitcollin, 2005

Comment bien se disputer en couple, C. et S. Vidal-Graf, 2005

Bien communiquer en couple, O. et S. Stettler, 2005

Du divorce à la famille recomposée, Christel Petitcollin, 2005

Vivre le temps autrement, Pierre Pradervand, 2004

S'aimer tel que l'on est, Chantal Calatayud, 2004

Émotions, mode d'emploi, Christel Petitcollin, 2003

Donner du sens à sa vie, Rosette Poletti & Barbara Dobbs, 2002

Le bonheur, ça s'apprend, Pierre Pradervand, 2001

Lâcher prise, Rosette Poletti & Barbara Dobbs, 1999

Catalogue gratuit sur simple demande

FRANCE : BP90107 – 74161 SAINT-JULIEN-EN-GENEVOIS CEDEX

SUISSE : CP 184 – 1233 GENÈVE-BERNEX

SITE INTERNET : **www.editions-jouvence.com**

E-MAIL : info@editions-jouvence.com

ISBN 978-2-88353-660-9

Couverture : Dynamic 19, Thonon-les-Bains (France)

Mise en pages : atelier weidmann, Versoix (Suisse)

Sommaire

Préface

La vie n'a jamais été un long fleuve tranquille. Elle est plutôt constituée de difficultés, d'inconnues, de traversées du désert, à côté des joies profondes qui la parsèment aussi.

Face aux problèmes, aux difficultés rencontrées, il existe trois grandes options :

- les ignorer et espérer qu'ils s'en iront comme ils sont venus ;
- tenter de vivre avec eux dans une attitude de résignation ;
- chercher le cadeau qui se cache au cœur du problème et en faire quelque chose.

Le petit livre de Julian Sleigh nous invite à adopter la troisième attitude. Il nous conduit à travers différentes étapes qui nous permettent d'accueillir ce qui nous arrive et de trouver les moyens de croître et de nous développer en traversant les expériences de la vie.

Julian Sleigh ne promet pas un moyen miraculeux de résoudre les problèmes de l'existence, il ne dit pas que tout est possible ni que tout est facile. Ce qu'il souligne, c'est que tout a un sens, une signification.

Les difficultés de la vie peuvent être des tremplins permettant à celui qui les maîtrise de devenir vraiment l'auteur de sa vie.

Pour l'auteur, il ne suffit pas de résoudre les problèmes. Grâce au processus du pardon, il est possible d'aller vers la gratitude, à travers la gratitude vers la joie, et finalement de trouver la paix.

Le parcours que propose Julian Sleigh comporte douze étapes qui peuvent être parcourues seul ou accompagné, qui peuvent aussi faire l'objet d'un travail de groupe.

Quel que soit le problème, la difficulté ou le conflit qui vous confronte, la lecture du petit ouvrage de Julian Sleigh peut vous ouvrir à une autre dimension, à une approche plus large, prenant en compte le corps physique, l'esprit et l'âme, une approche basée sur la conviction profonde que toute personne, quelle que soit sa situation de vie, a une mission à remplir ici-bas et, de ce fait, a une importance infinie.

Rosette Poletti

Introduction

Ce petit livre est maintenant entre vos mains. Peut-être désirez-vous le lire pour aider un ou une amie à faire face à un problème particulier et à le résoudre ; à moins que vous-même ne traversiez un épisode critique de votre propre vie. Pour décrire l'approche que je conseille, permettez-moi de présumer qu'il s'agit de la seconde proposition et que vous essayez de dénouer un problème et de vous en libérer.

Pour vous aider à y parvenir, nous allons partager un programme mis à l'épreuve au cours de mes consultations. Chacune de ses étapes est un élément indispensable de la démarche. Son enchaînement ne doit pas être modifié, chaque étape préparant la suivante.

Je vous suggère d'essayer et de tester vous-même cette méthode. Elle s'est révélée efficace dans ma pratique et j'espère qu'elle le sera pour vous. Je ne vais utiliser ni il ni elle ; je converserai plutôt avec vous comme si nous étions tranquillement assis pour parler ouvertement, sans tension ni pression, en toute confiance. Que vous traversiez une crise ponctuelle ou que vous viviez un problème réel ou imaginaire enraciné de longue date, je vous propose donc de parcourir avec vous les étapes successives de cette méthode.

Un problème vous perturbe et vous vous sentez désarmé pour y faire face. Vous ne parvenez pas à démêler votre situation. Mais vous sentez qu'elle constitue un défi et vous êtes prêt à saisir l'occasion de l'affronter pour l'éclaircir et en tirer une force nouvelle.

Vous vous trouvez peut-être dans la peine ou le désarroi. Vous pouvez avoir toutes sortes de raisons : un être cher s'est éloigné de vous ; un membre de votre famille est décédé ; le ou la partenaire de votre vie vous a quitté pour une autre relation et vous vous sentez seul et rejeté ; vous avez commis une erreur, soit assez évidente pour que les autres l'aient constatée et semblent vous montrer du doigt, soit une erreur plus intime, personnelle et cachée qui, cependant, vous met mal à l'aise avec vous-même et vous fait redouter ses conséquences si elle venait à être découverte ; peut-être avez-vous été pris à parti et blessé par un collègue qui veut vous écarter de son chemin – il est possible qu'il se débatte lui-même dans une crise qu'il projette sur vous. Ou encore, vous venez d'échouer dans la réalisation d'un projet auquel vous teniez profondément et cet échec vous a laissé abattu après avoir brisé votre image de vous-même; ou bien vous viviez dans la certitude que tout allait bien dans votre travail et vos relations, mais il s'est avéré que vous n'aviez pas conscience de ce qui se déroulait sous vos yeux, et cette découverte a ébranlé votre confiance en vous ou dans la loyauté de vos amis: le réveil est douloureux quand on constate qu'on a été trompé ou qu'on s'est trompé soi-même.

Il est également possible que quelque chose ait affecté un proche ou un membre de votre famille, vous plongeant dans la confusion et l'inquiétude, suscitant en vous un mélange de colère et de compassion. Vous en êtes peut-être mortifié au point de vous répéter: «Comment ai-je pu ne pas me rendre compte!» La vie humaine est émaillée d'événements problématiques qui nous remettent brutalement en question et nous obligent soit à changer, soit à glisser sur des pentes souvent difficiles à remonter.

Quel que soit votre problème, que vous en soyez l'auteur ou la victime, qu'il s'agisse d'une crise ou d'une histoire qui couvait depuis longtemps, vous ne disposez que de trois options.

Ignorer le problème et espérer qu'il disparaîtra. Vous vous persuadez que vous pouvez fermer les yeux et refuser le défi inhérent à votre problème et vous vous laissez aller à l'idée que rien ne vous oblige à faire face. Puis-je vous demander quelle est votre expérience en matière de problèmes ? Sans doute, dans le passé, certains se sont résolus d'eux-mêmes et, *a posteriori*, vous avez été très heureux de ne pas les avoir aggravés en leur accordant plus d'importance qu'ils n'en méritaient vraiment. Mais avez-vous connu de vrais problèmes qui aient tout simplement disparu sans laisser de traces ? En général, ce qu'on n'a pas affronté en temps voulu réapparaît, plus grave encore. Le démon garde ses cadeaux et attend une autre occasion de vous mettre au défi de les lui arracher. Peut-être commencez-vous à comprendre qu'en dehors de son apparence, il n'a rien de démoniaque. Soyez donc sûr de ne pas être simplement en train de fuir ce qui doit être affronté et résolu.

Si votre problème se résout de lui-même, c'est peut-être que vous savez déjà le transformer rapidement. C'est le but que j'espère vous aider à atteindre pour transformer un problème et en tirer profit. Avec la pratique, vous y parviendrez de plus en plus vite.

Essayer de vivre avec votre problème. C'est la seconde attitude possible. Elle repose sur l'idée que vous ne pouvez rien faire pour y remédier. Ce qui signifie que vous devrez le porter en vous nuit et jour sans jamais vous libérer de ce fardeau. Certes, il existe des situations sans issue qu'on ne peut que subir : vous ne pouvez échapper à la douleur liée au décès d'un être cher. Mais vous pouvez vous poser les questions suivantes : comment dois-je vivre ce chagrin ? Dois-je l'entretenir en souvenir de la ou du disparu ? Ou bien puis-je ranimer la joie inhérente aux meilleurs de mes souvenirs ?

Bien sûr, il faut parfois supporter patiemment la douleur, mais elle peut être atténuée par une sage acceptation. Face à d'autres types de problèmes, vous pouvez être tenté de vous accrocher au passé d'une façon malsaine, ce qui va alors influencer votre perception du quotidien. Si, par exemple, vous estimez avoir échoué dans une relation sentimentale, vous risquez d'en déduire que vous n'êtes pas digne d'être aimé, ce qui peut avoir une influence néfaste sur le regard que vous portez sur vous-même et sur l'amour en général. Vos pires attentes auront alors tendance à se réaliser et à confirmer votre idée préconçue. Modifiez votre attitude et une nouvelle lumière pourra vous éclairer.

Ces deux options n'ont guère de chance de vous amener à une solution. Mais, en les examinant, nous avons constaté que vous pouvez fuir ces impasses en adoptant une troisième voie, qui consiste à **chercher le cadeau au cœur du problème et à en tirer profit.** Le but de ce livre est d'explorer cette troisième voie en proposant, vis-à-vis des problèmes de toute nature, une approche systématique permettant de transformer leur pouvoir négatif en une force positive qui vous aide à grandir et à évoluer. Cette méthode ne promet ni remède miracle ni soulagement instantané, bien au contraire : elle exige que vous soyez déterminé à procéder à un sérieux examen et à une véritable autoanalyse en relation avec le problème qui vous perturbe. Il ne s'agira pas de le rejeter, mais bien plutôt de l'accueillir et de le traiter là où il s'est incrusté, à savoir, dans votre affectivité où il constitue un obstacle sur le chemin de votre développement personnel.

Personne ne peut pleinement partager votre vécu et prétendre en avoir fait l'expérience. Ce que vous traversez n'est connu que de vous seul. Celui qui la porte est seul à savoir où sa chaussure le blesse. Ce qui prouve que vous êtes unique et que personne, aucun événement ou crise, ne peut vous priver de cette qualité. Si menacé ou brisé que vous vous sentiez, vous êtes un être d'une valeur et d'une profondeur infinies, et votre mission particulière est de vous réaliser pleinement.

Une façon appropriée d'aborder votre problème peut avoir pour effet de vous orienter dans la direction qui convient à votre mission personnelle. Seules une détermination et une persévérance sans faille vous permettront d'effectuer l'introspection et les changements de comportement indispensables. Ce défi favorisera le développement de ces qualités.

Dernier point avant de nous lancer, qui concerne le mystère de notre histoire: pourquoi certains événements prennent-ils place à tel ou tel moment? Comment surviennent-ils et quelles sont leurs répercussions? Les origines d'une crise peuvent être mises en lumière par l'observation des rythmes et des phases de notre vie. Leur étude dépasserait le cadre de ce livre, mais il est toujours fructueux de les prendre en considération. Quel que soit le scénario de votre vie, comprendre qu'avant même de naître, vous avez contribué à son écriture peut vous aider dans votre démarche.

Nous ne nous rappelons pas les détails du scénario ; c'est pourquoi ses éléments nous prennent par surprise. Mais nous devons savoir que, la plupart du temps, le sens de notre vie nous échappe, jusqu'à son terme où nous pouvons la considérer dans son ensemble ; et tout ce qui s'y produit a une signification.

*

La méthode que nous allons aborder ne sera pas longue à décrire ; mais le travail exigé par chacune de ses douze étapes peut être de longue haleine parce qu'il exige une bonne dose d'introspection et d'évaluation. Si un ou une partenaire entreprend cette démarche avec vous, vous aurez sans doute besoin de quelques consultations ensemble. Mais si vous l'entreprenez seul, vous exprimer par écrit sur certains points pourrait vous être utile. Écrire est un moyen de clarifier votre pensée. Rien ne vous oblige à conserver ces écrits ; c'est le fait même d'écrire qui est utile.

L'ensemble de la démarche repose sur des notions fondamentales qui ne sont pas des dogmes, mais des repères qui vous aideront à vous orienter. Toutes les affaires humaines exigent une conception de l'homme qui va au-delà du visible, et nous nous appuierons sur une image tripartite de l'homme : la partie physique, la partie spirituelle éternelle et l'âme qui les unit. C'est dans l'âme que la pensée, les sentiments et la volonté se développent, opèrent et interagissent. Ils affectent le physique et le spirituel comme ils sont influencés par eux : le bien-être du corps conforte l'âme et l'esprit, mais une âme assombrie exprime son mal-être à travers le corps. L'esprit qui reçoit une nourriture spirituelle enrichit l'âme et tous deux peuvent régénérer le corps. Un corps malade affecte les forces de l'âme, mais une âme forte et vibrante irradie à travers un corps affaibli et le renforce.

Le mystère de la vie de l'âme humaine est profond et infini. Comprendre que ces trois dimensions s'interpénètrent permet de devenir l'auteur de sa propre vie et d'en acquérir une maîtrise qui s'accroît avec chaque problème résolu, chaque crise dépassée. Le processus décrit ici peut alors devenir la voie du développement personnel.

Nous allons parler de *problèmes* et de *crises*. Un problème peut être ancien ou récent, consciemment perçu ou en partie inconscient. En général, les problèmes nous déconcertent parce que leur signification nous échappe, nous défiant de découvrir les secrets qu'ils recèlent. Une crise naît d'un événement ou d'un incident exigeant une attention immédiate. Le plus souvent, l'un et l'autre sont constitués d'un nœud de difficultés complexes et nous placent face à des options épineuses. Traiter les problèmes et les crises exige un recours à l'expérience, mais aussi à l'imagination. Cela requiert des intuitions et des idées nouvelles. Tous deux ont leur origine dans le passé et ne peuvent être résolus que grâce à un pas dans l'inconnu. Ils attaquent notre vulnérabilité et font appel à notre créativité. En un mot, tout problème ou crise constitue une occasion d'évoluer.

En grec, *problêma* signifie *objet jeté devant* ou *faisant saillie.* Il peut aussi signifier *tenu devant*, comme un écran ou un bouclier. L'équivalent latin est *projectus*, qui peut se traduire par projection, mais aussi projet. Un *problème* peut donc être un *obstacle* sur votre chemin ou devenir un *projet.* Cela donne à réfléchir et, sans aucun doute, nous devons accepter le mot dans son sens le plus positif. Quant au mot grec *krisis*, il exprime l'acte de *trancher*, qui exige discernement, jugement et décision. Ce qui implique une situation d'urgence et la nécessité d'un changement. Autrement dit, un tournant.

Nous allons aborder les problèmes et les crises de la même manière, de sorte que j'emploierai les deux mots indifféremment. Nous nous intéresserons plus à la signification de l'obstacle placé sur votre chemin qu'à ses causes ou effets qui ne vous concernent pas directement. Nous chercherons le meilleur comportement à adopter face à tout défi qui se présente. L'énigme qu'il contient a un code et nous nous efforcerons de le percer.

Oui, j'ai un problème

Le premier pas consiste à admettre l'existence d'un problème. Si vous traversez une crise, la nécessité de ce premier pas est évidente. De même s'il s'agit d'un problème que vous avez eu tendance à fuir et souhaitez maintenant affronter et résoudre, vous devez l'admettre clairement. Pour y parvenir, décrivez-en non seulement les lignes générales, mais aussi tous les détails, à vous-même ou à un ami : comment il s'est manifesté, l'impact qu'il a sur votre vie, les diverses difficultés qu'il vous cause. Vous pouvez trouver utile de développer ces éléments par écrit. Écrire aide à rassembler et organiser les faits et à formuler les sentiments et les émotions. Avoir la possibilité de raconter votre histoire à une personne disposée à vous écouter peut vous permettre d'aller plus loin que le premier pas.

Cet ami doit savoir écouter, car son rôle ne consistera pas à vous conseiller ou à vous juger, mais à accueillir tous les faits, le récit et les explications que vous partagerez avec lui et qui émergeront au fil de la narration de votre histoire personnelle. Vous devez vous efforcer d'exprimer exactement ce que vous ressentez sans en éprouver de gêne. Votre ami ne doit évidemment pas trahir votre confiance. Et il doit être capable de vous *entendre* intellectuellement, mais aussi avec le cœur, afin qu'une chaleureuse empathie colore son objectivité et sa compréhension. Il doit accueillir les faits et les sentiments que vous lui révélez avec un cœur ouvert et une bienveillance respectueuse.

Précisons ici la différence entre *l'empathie* et la *sympathie*. Celui qui éprouve de la *sympathie* laisse monter en lui des sentiments identiques à ceux exprimés par la personne qui relate ses problèmes. La sympathie engendre la compassion ; autrement dit, les sentiments partagés deviennent douleur partagée. La sympathie peut aussi engendrer la pitié, qui contient un élément de condescendance. L'*empathie*, en revanche, ne consiste pas à éprouver les mêmes sentiments qu'autrui : la personne empathique reste extérieure au tableau afin de pénétrer profondément dans le récit qui lui est fait pour en saisir et en comprendre mentalement le contenu aussi bien que possible.

Écouter va plus loin que recevoir des confidences. Celui qui vous écoute non pas avec *sympathie*, mais avec *empathie*, va contribuer à une chose d'ordre magique : son écoute va vous permettre de vous concentrer sur vos pensées, vous rendant ainsi plus apte à les examiner et à déchiffrer ce que vous éprouvez. Il est toujours difficile de discerner et de formuler exactement ce qui fermente dans nos sentiments. Le bon « écouteur » facilite ce travail par l'intensité même de son écoute. En fait, l'écoute est une activité réellement généreuse dans la mesure où elle aide celui qui se raconte à fouiller plus profondément en lui-même pour exprimer son humanité et atteindre ainsi les craintes, la colère, la haine, les désirs et les aspirations qui affleurent rarement jusqu'au conscient. La personne capable d'écouter peut donc vous aider à saisir ce qui, en vous, doit être affronté à ce stade de votre vie. Cela dit, elle ne peut vous aider qu'à extérioriser votre problème ; elle ne peut pas vous éviter d'affronter tout ce que vous aurez découvert et qui bouillonne au fond de vous[1].

Il est primordial que vous fassiez la distinction entre les *faits* et les *sentiments qu'ils vous inspirent*. Les deux sont également importants. Vos sentiments vous semblent aussi des faits parce que, pour vous, ils sont réels ; mais, alors que certains aspects de votre problème sont des éléments objectifs, *extérieurs* à vous-même, les sentiments qu'ils vous inspirent sont constitués par *vos propres réactions émotionnelles.* Vous devez examiner les uns et les autres sans essayer de juger ce qui est bon, mauvais, idiot ou injuste. L'essentiel, ce sont les faits et vos sentiments, et non quelque jugement que vous-même ou quelqu'un d'autre pourrait porter sur eux.

À ce stade, vous avez donc besoin de décrire et d'admettre et non pas d'évaluer. La description doit être franche, sans dissimulation ni déni. Entrez dans le détail sans chercher de solutions ni vous demander comment vous sortirez de

[1] Sur l'écoute et l'empathie, vous référer au livre de Marshall B. Rosenberg, *Les mots sont des fenêtres (ou des murs)*, Éd. Jouvence, 1999/2005.

votre situation. Un indice vous permettra de juger si vous avez été clair, totalement honnête et exhaustif dans l'exposé de votre problème : ce sera la sensation de commencer à en être un peu libéré parce que vous avez été capable d'en faire un examen objectif. Vos émotions vous tourmenteront moins et s'intégreront alors à l'ensemble du tableau que vous avez commencé à peindre. En parvenant à ce point, vous cesserez de n'être que la personne qui *éprouve* pour devenir la personne qui *observe*. En d'autres termes, vous commencez à *sortir* de votre problème.

Au cours de cette étape, voyez si vous pouvez faire la distinction entre *votre façon* de voir votre problème et la façon dont vous imaginez que les *autres* la voient. Vous devez tenir compte des personnes impliquées dans votre problème et de leurs motifs. Là encore, décrivez-les sans juger. Si des personnes impliquées dans votre crise vous semblent avoir des motifs mesquins tels que jalousie ou parti pris, ou si vous découvrez que vous en avez de semblables, faites-vous une obligation de les inclure dans votre récit : tout ce qui est en rapport avec votre problème doit être reconnu et pris en compte, si déplaisant, mesquin ou injuste que ce soit.

Certes, il est souvent difficile d'isoler un problème et d'en délimiter précisément les contours. Peut-être devrez-vous concentrer votre attention sur un aspect particulier d'un nœud complexe d'éléments qui a déclenché la crise. Ou il est possible que pour vous, dans l'immédiat, ce soit l'aspect extérieur, la surface d'une question beaucoup plus profonde qui exige une attention urgente. Inutile de vous en préoccuper : pour l'instant, votre devoir est d'admettre l'existence du problème tel que vous le percevez et l'éprouvez. L'ayant exposé aussi clairement que possible, vous serez en mesure de parcourir les étapes suivantes ; les ramifications et les couches plus souterraines émergeront au fil des étapes ultérieures de votre cheminement.

Vous seul pouvez savoir pleinement ce qui se passe en vous et autour de vous et, en fin de compte, vous seul êtes aux commandes. Le Fils prodigue s'est trouvé de plus en plus seul après avoir épuisé ce qu'il avait reçu de son père. Il avait perdu ses biens matériels, ses amis, son amour-propre ; il était humilié et affamé ; autour de lui, c'était la dévastation et l'indifférence. Dans le besoin et la détresse, il a *plongé en lui-même* et un projet nouveau et positif a pris forme dans son esprit : retourner chez lui, solliciter le pardon et la permission de n'être qu'un domestique dans la maison de son père. Ce plan n'aurait pu germer en lui avant qu'il ait acquis l'humilité et le désir de changer : il fallait d'abord qu'il effectue un retour sur lui-même. Il était alors prêt à regagner la maison de son père, qui vint même à sa rencontre. Le père se réjouit alors d'entendre son fils parler d'une voix nouvelle et le reconnut comme un être qui avait commencé à grandir ; mais son frère, qui avait joué la sécurité en restant docilement au travail, ne put lui témoigner que du mépris, de la colère et de la jalousie.

Je suis responsable de l'existence de ce problème

Vous avez distingué les faits et les sentiments, vous les avez décrits et vous les avez admis. En quelque sorte, vous avez posé le problème devant vous. Il faut maintenant le saisir, car c'est *votre* problème. Certaines personnes peuvent y être impliquées et avoir contribué à son émergence ; d'autres encore peuvent en être affectées : c'est *leur* problème. Vous avez *le vôtre*. Concentrez votre attention sur lui, nous reviendrons à celui des autres à un stade ultérieur.

Vous êtes toujours responsable de ce qui vous arrive. Peut-être trouvez-vous cette notion difficile à accepter, mais elle suffira à vous ouvrir une voie à travers l'exploration et vers la transformation de votre problème. Elle ne signifie pas que, si vous pleurez la mort d'un être cher, vous êtes responsable de son décès ; elle signifie que *vous êtes responsable de votre chagrin*, dont la forme est liée à votre rapport au disparu. Si vous aviez avec lui une relation profonde, il vous appartient de lui donner une forme nouvelle. De même, si vous êtes en conflit avec quelqu'un, ne lui en faites pas porter la responsabilité, même si vous pensez qu'il est à l'origine de votre problème : le problème qui a surgi est le *vôtre*. Et si vous examinez honnêtement tout ce qui a provoqué les difficultés entre cette personne et vous, vous constaterez sans doute qu'il est injuste de lui en faire porter *toute* la responsabilité. Certes, une partie lui en incombe, mais sa part de responsabilité n'est pas *votre* problème.

La citation suivante de Rudolf Steiner jette une lumière sur les événements qui nous échoient : « *Dans la vie spirituelle, nous savons que, pour progresser, nous devons connaître l'expérience du monde physique qui, lorsque nous y évoluons, semble à notre âme indifférent et déprimant. Et cependant, nous aspirons à ce monde parce que, dans la vie spirituelle, nous ne préférons pas ce qui est cordial et bienveillant, mais ce qui est nécessaire à notre développement personnel.*

Il en va de même pour les événements de la vie. Nous les examinons et nous voyons comment, dans le monde spirituel, nous les avons préparés, qu'ils nous soient hostiles ou favorables, et comment nous sommes nous-mêmes à l'origine de ce qui provoque les expériences heureuses ou douloureuses de notre existence physique. Même alors, il peut nous sembler incompréhensible d'avoir occasionné nous-mêmes telle ou telle situation pendant que nous vivions dans le monde physique. Dans le monde spirituel, cependant, on bénéficie de ce qu'on peut appeler une supra-intuition qui nous indique que nous devons traverser cette expérience difficile et douloureuse, car seule une telle expérience peut vous faire franchir une étape supplémentaire dam votre développement personnel[2]*.* »

Il faut attribuer un sens second au terme « responsabilité ». Il peut signifier que vous avez provoqué

---

[2] *A Road to Self-knowledge*, Steiner Press, Londres 1975, p. 74.

ce qui vous arrive parce que vous avez participé à l'écriture du scénario de votre vie. Il signifie aussi qu'il vous appartient de *réagir* de façon appropriée à ce qui s'est produit. Vous reconnaître comme le *propriétaire* d'un problème n'implique pas que vous deviez maintenant battre votre coulpe et déclarer: «C'est ma faute». Personne ne vous en demande autant et cela ne servirait à rien. En entretenant un sentiment de culpabilité et en vous mettant vous-même au pilori, vous ne feriez que retarder votre progression. Ayez plutôt le courage d'embrasser votre problème comme une mère embrasse un enfant malheureux: prenez possession des faits et des sentiments. Quand vous aurez accepté le problème comme vôtre, vous cesserez d'en faire porter la responsabilité à autrui, ce qui vous permettra de chasser l'amertume qui pourrait si facilement vous envahir. Vous envisagerez alors le problème différemment: il aura commencé à perdre le pouvoir qu'il avait sur vous.

Je suis responsable de la solution de mon problème

Quand vous aurez embrassé le problème comme étant le vôtre, vous serez en mesure d'y porter remède. Après avoir admis son existence, vous devriez vous sentir moins empêtré dans votre situation ; et l'avoir accepté comme vôtre doit vous avoir préparé à accepter aussi qu'il vous appartient de le démêler et de le transformer. Vous éviterez ainsi de le porter éternellement en vous et de subir ses effets paralysants. Une crise appelle toujours une décision, qui exige une nouvelle orientation et l'abandon des réactions habituelles. Nous n'en sommes pas encore au point où vous pourriez envisager un plan d'action : le formuler prématurément vous éloignerait d'une analyse plus approfondie qui reste indispensable.

À ce stade, vous devez vous poser les questions suivantes : suis-je en train de m'apitoyer sur moi-même ? De m'estimer victime de la malveillance des autres ? Ou victime de la malchance ? Si vous vous considérez comme une victime, attendez-vous des autres qu'ils fassent le premier pas ? Allez-vous laisser passer le temps dans l'espoir que vos blessures cicatrisent ou que votre problème se résolve par miracle, ou allez-vous prendre la situation en main et en découdre vous-même ?

Peut-être voyez-vous clairement que certains événements extérieurs doivent se produire et que vous allez devoir leur faire face. Mais en ce qui concerne les blessures et les ressentiments que vous éprouvez, êtes-vous prêt à *faire* quelque chose à *leur* sujet, ou allez-vous simplement les enfouir et les laisser s'aggraver jusqu'à ce qu'ils provoquent une crise encore plus aiguë ? Comprenez-vous que l'examen de vos blessures et de vos ressentiments peut vous permettre d'accéder à la cause profonde de votre problème ? Vous ne trouverez pas de raccourcis pour les atteindre, pas plus que vous ne trouverez de cure miraculeuse à vos blessures.

Votre problème vous confronte au défi suivant : suis-je prêt à endurer ce qui est indispensable à la résolution de mon problème ? Vous allez probablement devoir lutter contre l'apitoiement sur vous-même et la sensation d'être une victime : si vous sentez s'installer en vous cette mentalité de victime, il faudra vous attaquer à ce qui vous ronge et qui peut être la colère, la peur, la haine, la culpabilité, la fatigue ou le désespoir. N'importe lequel de ces sentiments et à plus forte raison leur combinaison sont des éléments destructeurs.

La *colère* est une émotion complexe qui va du ressentiment à une violence haineuse. La personne en colère se sent impuissante face à ce qu'elle perçoit comme menaçant son image d'elle-même et ses idéaux. Si vous avez la sensation d'être une victime, analysez si vous éprouvez de la colère vis-à-vis de la personne qui vous semble avoir déclenché votre problème ou vis-à-vis du problème lui-même. Suivant le cas, vous constaterez que votre sentiment est : pourquoi fallait-il que cela m'arrive à *moi* ? ou pourquoi m'a-t-*il ou elle* fait une chose pareille ? Ces sentiments indiquent que vous n'acceptez pas réellement la responsabilité de votre problème.

Votre éducation vous a peut-être inculqué la notion que la colère est une émotion qui n'est pas « convenable » et qui, par conséquent, doit être réprimée. De plus, au fond de vous, vous prétendez peut-être *ne pas* l'éprouver. La répression de la colère laisse souvent abattu, pour ne pas dire anesthésié ; elle entraîne un blocage qui empêche de progresser vers la solution d'un problème.

Vous devez donc vous demander : suis-je en colère ? En y réfléchissant honnêtement, vous serez peut-être surpris de devoir répondre : « Oui, absolument, je *suis* en colère ! » Peut-être même vous rendrez-vous compte que cette colère (ou pire) a semé dans votre âme un germe empoisonné de haine, ou même un désir de vengeance. C'est avec cette prise de conscience que votre colère commencera à s'atténuer. Vous pourrez alors cesser de gaspiller cette énergie émotionnelle et l'employer positivement pour développer un sentiment de pardon vis-à-vis de la ou des personnes impliquées dans vos émotions. Mettre au clair ces sentiments vous aidera à accepter votre problème et votre sensation d'être une victime pourra commencer à s'estomper.

Si vous êtes envahi par la *peur*, vous êtes en quelque sorte paralysé. Vous vous retirez en vous-même. Vos pensées et vos sentiments prennent de nouvelles dimensions et la découverte de l'inconnu vous emplit de crainte et d'inquiétude. Mais cette douche froide vous fait prendre conscience de votre fragilité et de la nécessité de vous confronter à une force ou à un pouvoir capables de vous dominer. Karl Konig décrit la peur (ainsi que la honte) en ces termes: «*Ni la peur ni la honte ne peuvent être expliquées de façon rationnelle. Aucune cause évidente ou connue ne préside à l'apparition de ces deux états si inconfortables et indésirables de notre vie intérieure. Tous deux nous mettent en présence d'une situation inconnue dans notre existence quotidienne. Dans la peur et la honte, nous faisons face à une expérience soudaine. Quelque chose d'incommensurable surgit devant nous, comme si l'arrière-plan insondable de toute la vie et de tout l'être se découvrait soudain. Nos pensées s'emballent comme des fourmis exaspérées. Nous nous sentons coupables, nous pensons à la vie et à la mort, à Dieu et à nos fautes. Notre conscience affole notre esprit. Nous savons qu'un autre mode d'existence totalement nouveau vient de nous apparaître, mais nous n'avons pas les moyens de concevoir cet autre univers. La porte d'une pièce habituellement interdite s'ouvre si soudainement que nous sommes terrifiés et osons à peine nous approcher du seuil. Et, tout aussi soudainement, la porte se referme*[3]. »

La peur nous fait prendre conscience du caractère transitoire de notre passage sur terre. Cette perception intuitive nous met face à notre faiblesse et notre besoin d'être aidés : nous nous sentons alors plus disposés à changer.

Si vous sentez la *haine* monter en vous, examinez-la soigneusement et demandez-vous si elle n'est pas la manifestation d'un attachement profond qui ne montre que son côté le plus sombre. La haine d'une personne constitue un lien puissant avec elle et, en le reconnaissant, vous ouvrez une brèche à travers laquelle peut émerger un sentiment positif envers cette personne. Si vous découvrez que vous haïssez quelqu'un, cette haine cache peut-être un message spécial et, pour le recevoir,

---

[3] *L'âme humaine*, Fions Books, Edimbourg, 1982, p. 62.

vous devrez démêler ce nœud affectif, que vous l'ayez ou que l'autre personne l'ait créé. La violence de vos sentiments indique que, dans votre vie, cette personne constitue un sujet auquel vous ne pouvez pas éviter de faire face. De plus, la seule existence de la haine indique que vous disposez d'une force émotionnelle mal employée. En la réorientant, vous découvrirez peut-être que cette personne que vous haïssez est très importante pour vous, peut-être même un ou une amie potentielle.

Le sentiment de *culpabilité* est un indice précieux. Il vous signale que vous avez violé votre propre intégrité en vivant en désaccord avec votre idéal le plus élevé. Les valeurs que vous avez transgressées ne sont pas celles qui vous ont été imposées de l'extérieur, mais d'autres valeurs en accord avec vos critères personnels. La manifestation de ce sentiment équivaut au voyant lumineux du tableau de bord qui vous indique que votre réservoir d'essence est presque vide. Il est dangereux d'ignorer ces signaux. Ne pas en tenir compte pourrait entraîner une crise encore plus grave que celle que vous traversez. Refuser de reconnaître ce sentiment de culpabilité en le rationalisant de quelque façon que ce soit équivaut à coller un cache noir sur le voyant lumineux : vous n'en savez pas moins que quelque chose ne va pas. D'autre part, en être ulcéré reviendrait à rendre le voyant lumineux responsable de la panne d'essence. Non. Le sentiment de culpabilité doit être reconnu et admis et sa cause supprimée par la modification du comportement qui lui a donné naissance. Peut-être aussi exige-t-il de réparer certains dommages causés ou de présenter des excuses.

La *fatigue* indique que vous devez faire une pause, prendre du recul par rapport à ce qui vous a stressé et situer ainsi ce que vous faites dans une nouvelle perspective. Il est naturel d'éprouver de la fatigue ; mais si vous négligez ses signaux d'alarme en vous poussant au-delà de vos limites, vous risquez de faire des bêtises, des erreurs de jugement ou d'en arriver à une vision de la vie amère et déprimante. Ce qui peut évidemment entraîner toutes sortes de problèmes entre vous et votre entourage. Si vous êtes épuisé, il est donc préférable de l'admettre et de vous reposer, ce qui vous permettra non seulement de protéger votre santé, mais aussi d'envisager votre quotidien sous un nouvel angle. Un poème de Longfellow sur un serrurier de village assis sous son châtaignier contient ce vers :

« Une chose tentée, une chose accomplie, chacune mérite une nuit de repos. »

Dans notre vie actuelle, le problème est que, contrairement au serrurier, nous sommes rarement fatigués par un travail simple ou une saine activité, mais plus souvent par une usure nerveuse à laquelle s'ajoutent des facteurs débilitants comme le stress, une alimentation dénaturée ou des distractions passives. On continue donc en recourant à divers stimulants et on se demande un jour pourquoi on a des problèmes. Le moyen de les résoudre est souvent d'échanger son mode de vie contre un autre plus naturel.

Dans le *désespoir*, on devient quasi incapable de percevoir un aspect positif. Le terme indique littéralement qu'il n'existe aucune solution et que vous devez admettre que vous ne pouvez rien faire. Pourtant, vous pouvez au moins adopter une attitude qui autorise le secours à vous venir de l'extérieur. Par exemple, vous pouvez vous dire : « Ma situation est sans espoir, mais ce n'est pas grave » ; et vous installer dans une attitude patiente – à condition de vous *ouvrir*, d'être attentif et *réceptif* à tout ce qui peut arriver. Si incroyable que cela puisse paraître, il y a une bonne chance pour qu'une aide « tombe du ciel » de la façon la plus inattendue. Comme si une magie opérait quand, dans un besoin profond, on reste *ouvert* à tous les possibles. Là encore, le Fils prodigue a dû aller jusqu'au bout de ce qu'il pouvait supporter avant de s'ouvrir à une nouvelle lumière.

Si vous pouvez dire *oui* à votre problème, vous êtes déjà sur le bon chemin. Cependant, évitez d'avancer trop rapidement. Vous devez encore parcourir trois étapes avant d'envisager de faire des plans pour découvrir un nouveau paysage. Mais le moment viendra.

Qu'ai-je besoin d'apprendre ?

Vous pouvez apprendre quelque chose avec chaque crise que vous rencontrez. Elle vous déstabilise et, par conséquent, vous êtes plus disposé à apprendre. Quand tout va bien, vous êtes moins ouvert aux leçons proposées par les événements ordinaires du quotidien. La routine ne vous met pas au défi d'apprendre. Mais, quand vous abordez un terrain inconnu, vous devez être prêt à tirer des leçons. La rupture avec un mode établi permet à de nouveaux modes de s'instaurer : c'est à la faveur des failles dans la structure de nos habitudes que la lumière peut pénétrer. C'est lorsqu'elles sont bouleversées que l'on peut bénéficier d'intuitions profondes sur notre vie et de nouvelles perceptions du monde et de nous-mêmes. Si ces notions émergent en vous, cela indique que votre problème commence à vous éclairer. Le plus souvent, il vous indique que certaines habitudes doivent être abandonnées. Mais vous pouvez aussi vous trouver confronté à une faiblesse que vous connaissiez, et que vous ne vouliez pas reconnaître ; cette constatation peut être pénible et vous irriter : quand on s'efforce d'ignorer quelque chose, nous n'aimons pas, nous ne prenons aucun plaisir à nous la voir jetée en pleine figure.

Votre problème va peut-être vous forcer à stopper la fuite en avant de toute votre vie. Il peut vous signaler que vous abusez de vos forces et que vous allez à l'encontre de sérieux ennuis si vous ne changez rien à votre mode de vie. Il peut s'agir de votre santé, ou du défi de renoncer à un statut auquel vous tenez. Cette mise en cause peut être un élément important dans votre histoire personnelle. Peut-être êtes-vous parvenu à un stade, lié à certains rythmes ou phases qui ont été bien identifiés dans de nombreuses études : toute existence comporte des moments propices à l'apparition de crises sans grand rapport avec les circonstances extérieures. Les changements intimes, voire biologiques, peuvent affecter notre humeur et exiger une adaptation à de nouvelles conditions. Il est toujours utile de tenir compte de ces facteurs et d'y réagir. Le temps est peut-être venu pour vous de réexaminer les finalités qui ont guidé votre vie et de vous consacrer enfin aux buts que vous vous êtes toujours proposés ; ou de voir si ces buts datant de votre jeunesse peuvent maintenant trouver leur place dans votre nouvelle perspective.

Examinez ce qu'en vous ce problème va mettre à l'épreuve. Est-ce votre lucidité, la force de votre volonté de réaliser telle ou telle chose, vos sentiments pour autrui, votre sensibilité aux situations, votre honnêteté vis-à-vis de vous-même ? Peut-être allez-vous devoir renoncer à quelque chose que vous êtes réticent à abandonner. Ce qui vous oblige à vous interroger sur son importance réelle. Se pourrait-il qu'en fait la perte que vous redoutez dissimule des compensations cachées ? Supposons, par exemple, que vous deviez renoncer à une situation professionnelle qui vous garantissait un statut et un pouvoir, cela pourrait-il signifier que vous devez développer un autre type de compétence qui ferait évoluer votre influence du *pouvoir* vers l'*autorité* ? Peut-être devriez-vous devenir moins efficace, mais plus sage. C'est là un exemple des défis de l'âge mûr. Ces crises sont toujours des voies à double sens : on perd, et on gagne. Le démon-en-apparence garde son cadeau caché et ne le cède que lorsque nous sommes capables de le lui demander nous-mêmes.

Cette étape exige que vous compreniez bien votre problème, que vous l'observiez, que vous lui demandiez de révéler son secret et de livrer son message. Cela ne se produira pas si vous l'abordez sans humilité, sans avoir renoncé à un orgueil mal placé. Gagner en sagesse vaut bien de devoir faire preuve d'humilité. Le Fils prodigue est revenu blessé, humble et dépouillé de tous ses biens matériels, portant la culpabilité de son gaspillage, mais il avait appris l'humilité ; alors que son frère resté prudemment dans la maison du père n'avait aucun moyen de faire ses propres expériences et de prendre conscience de ses faiblesses.

Je suis plus que simplement mon pauvre moi

Si la quatrième étape vous a ouvert à la découverte de vous-même et appris à devenir plus humble, vous êtes maintenant prêt à explorer votre propre grandeur. Pouvez-vous, pendant un certain temps, rester tout à fait paisible ? Cela vous sera sans doute difficile à cause du tumulte que la douleur et la confusion ont provoqué en vous. Les premiers chapitres devraient vous avoir permis de dominer un peu votre problème, mais il est nécessaire de le vérifier en revenant sur ces quatre étapes.

Vous devez être certain d'avoir bien reconnu et accepté que vous traversez une crise ou vivez un vieux problème qui a fini par vous rattraper. Vous en êtes-vous forgé une représentation objective, une image extérieure à vous-même ? Avez-vous accepté de vous considérer comme responsable de son existence, et acceptez-vous de devoir le résoudre et d'en apprendre tout ce qu'il peut vous apporter ?

Si oui, vous devez maintenant vous mettre à l'écoute de vous-même : quelle est *réellement* la nature de mon problème ? Si vous souffrez d'avoir de vous-même une image dévastée, si vous avez perdu le respect de vous-même, vous devez vous interroger sur votre *moi* véritable : qui suis-je ? Est-ce que je corresponds réellement à l'image que j'ai toujours eue de moi-même ? Résume-t-elle tout ce que je suis ? Qu'est-ce qui cause mon mal-être ? Votre réponse sera peut-être : « C'est ma conscience qui me met mal à l'aise, cette voix intérieure qui me rappelle sévèrement mes propres valeurs quand je m'en écarte. »

Demandez-vous alors franchement : comment ce jeu de valeurs s'est-il mis en place ? Vient-il de la société dans laquelle je vis ? De la religion à laquelle j'adhère ? Est-ce un élément de mon éducation qui m'a conditionné ? Autrement dit, quelle est la valeur de mes valeurs ? Les ai-je forgées moi-même ? Ou me suis-je contenté d'entériner celles qu'on m'a inculquées dans ma jeunesse ? Et suis-je maintenant en train d'essayer de m'en libérer pour trouver ma véritable identité ? Cette démarche menace-t-elle de détruire ce que je suis ?

Ces questions vous mettront face à ce qui a constitué votre « conscience » : un ensemble de notions que vous avez adoptées à l'époque où vous étiez trop jeune pour définir vos propres valeurs. Vous découvrirez peut-être alors que vous avez besoin de déterminer ce qui, pour vous, est vrai et important : cela peut s'avérer différent de ce que vous avez accepté jusqu'ici. Cette constatation peut être très troublante et vous vous retrouvez sans points de repère, à la dérive. Les cordages qui vous arrimaient s'effilochent et, soumis à rude épreuve, ils peuvent se rompre totalement, vous laissant désorienté et en danger de perdre votre confiance en vous. Une situation dangereuse, mais riche d'un tel potentiel ! C'est l'occasion de vous ouvrir et d'accueillir un processus d'approfondissement.

C'est dans ces moments périlleux que peut se révéler le plus profond de votre être, apparaître une fraction fugitive de vérité qui peut être déterminante pour toute la suite de votre vie. Vous aurez peut-être la chance d'y puiser une nouvelle confiance en vous et de découvrir votre mission particulière, celle que vous êtes seul à pouvoir remplir. Votre fragilité indique simplement que vous êtes humain. L'être humain est la plus imparfaite de toutes les créatures, dans la mesure où il accomplit si peu par rapport à son potentiel. La sensation d'être à la dérive ouvrira votre cœur et votre esprit à l'écoute de la voix encore silencieuse au fond de vous. Cette voix n'est plus celle du « vous » conventionnel programmé par des circonstances extérieures ; il s'agit du « vous » éternel qui irradie sa lumière du cœur de votre être. La voix de cette conscience profonde pouvant encore être trop difficile à écouter, repoussez le doute qui vous empêcherait d'accueillir l'affirmation de votre propre valeur.

Ce moment dangereux constitue en lui-même un instant de crise. Il faut « s'accrocher ». Vous devez vous répéter : c'est exactement ce qu'il me faut à ce stade. Vous pouvez craquer ou poursuivre. Mis à nu et dépouillé de ce qui vous avait stabilisé, de ce qui avait constitué votre confiance en vous, il ne vous reste que la certitude d'être. Ne niez donc pas votre propre valeur : sachez que *vous êtes*. De cette certitude peut émaner un rayon de lumière qui percera l'obscurité qui vous entoure. Laissez irradier la lumière, baignez dans cette lumière et laissez-vous envahir par une nouvelle force. Quelque chose vous convaincra que vous êtes plus grand que votre faiblesse et votre douleur. La conscience de votre moi enfoui pourrait alors émerger, comme dans le poème de Matthew Arnold :

L'œil glisse au fond de l'être et le cœur est nu,
Et ce que nous voulons dire, nous le disons.
Et ce que nous pourrions dire, nous le savons.
Un homme prend conscience du flux de sa vie
Et entend son murmure vagabond, et il voit
Les prairies sur lesquelles elle glisse, le soleil et la brise.

Puis survient une accalmie dans la course folle
Où il poursuit sans trêve
Cette ombre ailée et fuyante – le Repos.
Une fraîcheur joue sur son visage,

Et un calme insolite envahit sa poitrine.
Et il pense alors qu'il connaît
Les collines où sa vie a fleuri
Et la mer où elle va.

Cette émergence peut se produire de maintes façons. Dans un moment de besoin extrême, un ami peut survenir et prononcer quelques mots qui raniment votre courage et vous signalent une nouvelle direction. Il peut parler d'un livre, d'un poème, d'un tableau, sans savoir qu'il vous livre la clé d'une autre naissance. Des idées que vous avez entendues auparavant prennent soudain un sens. Elles vous accompagnent comme des alliées vers une nouvelle phase de votre vie. Ou encore, un étranger entre dans votre vie et, pendant un instant, vous communiez profondément avec lui, sa chaleur cordiale irradiant comme cette lumière que nous avons mentionnée plus haut. Ou, par hasard, vous entendez de la musique et avec elle se crée un climat sublime qui vous atteint au plus profond. Cette expérience naît essentiellement de votre solitude, de votre faiblesse et de votre désarroi : ils ont fait retentir un appel qui a été entendu. Certes, la personne qui y répond peut ne pas être consciente de la pleine signification de ce qu'elle fait, mais elle a été guidée par une instance supérieure avertie de l'épisode pénible que traverse votre moi intérieur. Il s'agit là d'une expérience vécue par de nombreuses personnes dans la détresse : confrontées à un problème qu'elles se reconnaissent incapables de résoudre dans leur solitude, elles ouvrent la voie à une énergie supérieure qui peut se mettre en œuvre pour provoquer un miracle.

Cependant, un danger rôde encore : alors que vous commencez à émerger de votre crise, vous serez tenté de retomber dans vos anciennes habitudes. Vous devez donc vous préparer pour franchir la sixième étape.

Après l'aube, le jour

Dans les échanges entre un patient et son thérapeute, on sait que, lorsque ce dernier écoute réellement, un changement peut intervenir chez celui qui s'exprime. Si vous avez été réellement à l'*écoute* de vous-même, se pourrait-il que, de la même manière, un changement se produise dans votre propre situation ?

Avec ce changement, une force nouvelle surgit. Pouvez-vous employer cette énergie pour vous approcher au plus près de votre moi *véritable*, c'est-à-dire pour avoir le courage de changer ? Ou préférez-vous continuer sans rien modifier ? Si vous êtes *disposé à changer*, vous n'en trouverez sans doute pas moins difficile de transformer vos attitudes et vos habitudes bien enracinées. La résolution de changer est un point décisif.

Vous serez tenté par des forces intérieures réactionnaires vous murmurant que vous ne pouvez pas sortir du mode de fonctionnement qui a été le vôtre jusqu'à maintenant. Les écouterez-vous ?

Si oui, le processus est bloqué. Sa progression dépend de votre détermination à changer votre vie en fonction de ce que vous avez appris sur vous-même.

Votre mode de fonctionnement établi a été remis en cause et vous sentez que le nouveau attend d'entrer dans votre vie : cette sensation et votre prise de conscience doivent maintenant devenir une *résolution*. C'est à travers elle que vous trouverez la volonté, le courage, la persévérance dont vous aurez besoin pour parcourir les étapes suivantes.

élaborer un plan d'action

7e étape

Je dois mettre au point mon plan d'action

Grâce au problème que vous avez affronté, vous avez pris conscience que, dans votre vie, quelque chose « ne marche pas ». Vous en avez tiré la résolution de changer. Vous avez maintenant atteint le point où vous devez élaborer clairement un plan d'action.

Au cours de la cinquième étape, vous avez touché au centre de votre être et vous vous comprenez désormais plus profondément qu'auparavant.

Au fil de la sixième étape, vous avez pris résolument la décision de changer. Pouvez-vous maintenant vous tourner vers ce que vous devez faire ?

Établir un plan comporte deux parties

La première est de vous fixer un but en rapport avec la crise que vous traversez. Si elle a créé un réel bouleversement, votre plan peut devoir être radical : votre but doit être assez ambitieux et englober tout un ensemble de mesures. Si votre problème avait une cause plus spécifique, votre but peut concerner un aspect particulier de votre comportement.

Vous avez peut-être éprouvé un choc en constatant que votre sincérité, votre contrôle de vous-même ou votre aptitude à maîtriser votre propre vie étaient mis en cause, menaçant ainsi l'intégrité de votre être. Peut-être allez-vous connaître la douleur de devoir vous adapter à la fin d'une relation, le désir de combler le vide par quelque chose de positif, basé sur une meilleure compréhension de vous-même. Quelle que soit l'importance de votre problème et de votre plan pour le résoudre, vous avez besoin de *vous fixer un but*. Vous devez le définir précisément, quitte à le mettre par écrit et à le partager avec une relation qui devient le témoin de votre résolution nouvelle. Si vous avez réellement évolué au cours des cinquième et sixième étapes, les énergies de votre moi profond vont se mettre en œuvre et fournir l'impulsion nécessaire à la définition de votre but.

La seconde partie consiste à fixer des objectifs accessibles. Parfois, ils doivent être déterminés au fil de périodes plus ou moins longues pendant lesquelles vous en contrôlerez le progrès. L'addition de tous vos *objectifs* doit vous permettre d'atteindre votre *but*. Tout en exigeant beaucoup de vous-même, chaque objectif doit être un projet *réalisable*. C'est un travail d'art que de façonner ces projets de manière à ce que chacun d'eux conduise au suivant en une séquence évolutive. Là encore, les mettre par écrit vous aidera à clarifier votre pensée ; partagez-les avec un ami dont les réactions vous permettront de vérifier s'ils sont réalistes. Vous devez ensuite mettre au point un moyen de contrôler vos progrès : des repères sur un calendrier ou la tenue d'un journal intime, par exemple. Sur le calendrier, vous pouvez programmer les stades que vous désirez atteindre et, dans votre journal, noter ce que vous avez accompli.

Évidemment, tous les plans ne sont pas de nature à être réalisés selon un calendrier précis. Certains appellent une évolution intérieure pareille à un long voyage dont la destination est un lointain idéal. D'autres impliquent des objectifs qui peuvent exiger une attention simultanée. Supposons, par exemple, que vous ayez besoin de changer votre image de vous-même ébranlée par un échec professionnel. Votre but sera d'acquérir une maîtrise des situations qui naissent des interactions dans votre travail. Pour atteindre ce *but*, vous devrez vous fixer un *ensemble d'objectifs* précis tels que : être à l'heure tous les jours ; mettre de l'ordre dans votre bureau ; améliorer votre écoute de vos clients et collègues ; garder votre calme avec ceux qui vous irritent ; vous intéresser à ceux qui travaillent avec vous ; prendre le temps de méditer ; développer une meilleure concentration et une plus grande clarté dans votre façon de présenter vos points de vue. Tous ces objectifs exigent une attention simultanée. Vous devrez vous appliquer en permanence à atteindre chacun d'eux et vous aurez donc besoin d'une méthode pour contrôler vos progrès. Une évaluation régulière permettra à votre esprit et à votre volonté de rester concentrés sur le changement que vous avez décidé d'accomplir.

Le passé est maintenant du passé

Vous orientez maintenant vos pensées vers l'avenir après avoir mis au point un plan aussi raisonnable que possible. Mais toutes vos résolutions peuvent être menacées par la peur de vous aventurer dans l'inconnu. Vous aurez alors tendance à la rationaliser en battant en retraite dans la sécurité de la routine. Ceux d'entre nous qui se prétendent progressistes sont conscients de la tendance au conservatisme chez les *autres* ; mais nous sommes nous-mêmes tout aussi capables de retomber dans de vieilles habitudes. Il s'agit donc, dans cette étape, de l'abandon conscient et résolu de certains points de vue et attitudes.

Longtemps, ces derniers vous ont semblé ne pas devoir être remis en question, mais le problème ou la crise que vous traversez vous met maintenant au défi de les réviser.

*

Examinez le domaine des espoirs que vous projetez sur autrui. Vos problèmes naissent souvent du fait que vos propres espérances ne sont pas en accord avec celles des autres. Prenons l'exemple des relations personnelles. Combien de fois vous est-il arrivé d'attendre d'une relation autre chose que ce que l'autre personne en attendait ?

Il est facile de projeter nos propres espérances sur autrui, mais il n'en sort que des illusions. Tôt ou tard, le fait que votre attente ne coïncide pas avec celle de l'autre provoquera une crise, en particulier dans le domaine des émotions, des désirs, des aspirations ; vous interprétez des signes ou vous en voyez qui alimentent vos espérances ou, peut-être, vos jalousies. Une troisième personne peut très bien, pour ses propres raisons, manipuler la situation et une tension explosive s'accumule, qui peut mener à une tragédie : Shakespeare a mis en scène cette situation dans *Othello*.

Il est possible aussi que la troisième personne n'ait aucune mauvaise intention ou désir de manipuler ; et cependant, à cause de votre insécurité et de votre manque de confiance en vous, quelque chose vous fait réagir à l'excès, et une crise éclate. Maintenant que vous essayez de mettre de l'ordre dans votre chaos intérieur, vous devez prendre conscience des illusions auxquelles vous vous êtes accroché. Êtes-vous prêt à vous en débarrasser après les avoir identifiées ?

Autre exemple de bagage indésirable qu'il vaut mieux jeter par-dessus bord : le *ressentiment*. En général, ce type de bagage ne voyage pas avec vous en cabine : il est stocké dans le tréfonds de votre bateau intérieur et doit être retrouvé, identifié, sorti de la soute et scrupuleusement examiné. Le ressentiment peut être un de ces sous-problèmes exigeant à lui seul un travail en douze étapes. Il est même possible que ce travail préalable soit *indispensable* pour que vous puissiez progresser et mener à bien ce que vous avez entrepris.

D'une façon générale, cette étape consiste donc à repérer tout ce qui fait obstacle à votre liberté, comme vous le prouve le problème que vous affrontez. Mais ce problème peut maintenant révéler ses ramifications vers les autres domaines dans lesquels vous devez abandonner de vieilles habitudes. Il n'est pas seulement question de se libérer du passé, mais aussi de libérer des espaces capables d'accueillir de nouvelles attitudes. Voici un exemple d'un tel défi : vous pourriez très bien adopter un autre prénom qui exprime plus réellement la personne que vous désirez devenir ! Pourquoi vous encombrer d'un prénom qui vous déplaît ? Pourquoi ne pas prendre la décision courageuse d'être plus fidèle à votre moi profond ?

Vous pourriez vous attaquer à d'autres habitudes bien établies. À votre écriture, par exemple : en la modifiant, vous introduirez une conscience renouvelée dans un domaine pétrifié par l'habitude. Il ne s'agit pas de changer pour le plaisir : changer votre écriture vous rappellera qu'elle s'est façonnée à un stade antérieur de votre vie ; vous avez maintenant évolué et votre écriture nouvelle manière en témoignera. Peut-être aussi devriez-vous prêter attention à votre façon de vous habiller, à l'organisation et au décor de votre pièce ; aux piles de vieilles choses dans vos placards, ou à vos idées arrêtées en matière de nourriture : peut-être ne sont-elles plus adaptées à la personne que vous voulez devenir et, à coup sûr, cette nouvelle personne sera beaucoup plus à l'aise si elle n'est pas contrainte de se couler dans le moule de l'ancienne. Même les serpents ne grandissent qu'en perdant leur peau.

Tout cela peut sembler radical et accablant. Mais, de même que vous devez distinguer entre votre *but* et vos *objectifs*, avoir pour but de devenir une « nouvelle personne » ne vous obligera pas moins à procéder par changements spécifiques. La nature nous offre une bonne image avec le papillon émergeant de son cocon. Si le papillon ratait le moment de sortir de son cocon, il ne découvrirait jamais qu'il a des ailes soyeuses. Peut-être avez-vous atteint le moment comparable à celui où le papillon s'envole : comme ce serait triste que vous le laissiez passer sans le saisir ! Il faudrait alors une autre crise pour faire éclater le cocon et vous libérer. Est-ce vraiment ce que vous souhaitez ?

Espoirs projetés à tort et à travers, illusions, ressentiments, vieilles habitudes, modalités figées dans le passé : qu'y a-t-il d'autre que vous deviez abandonner ? Vous le découvrirez. Mais que se passera-t-il si vous n'y parvenez pas ? Dans notre corps physique, les blessures guérissent, bien qu'elles laissent des cicatrices. Mais, dans le vaste domaine semi-conscient des sentiments, les blessures peuvent prendre longtemps à se refermer, à moins que des remèdes radicaux leur soient appliqués. Les souvenirs restent vivaces et continuent à agir sur les émotions, et la douleur profonde est difficile à atteindre. D'où l'intérêt de vous attaquer à la cause de votre souffrance afin d'apporter des remèdes dans le domaine où vivent vos souvenirs et bouillonnent vos sentiments.

Le processus de prise de conscience, de prise de possession et d'acceptation des blessures vous aide à les exposer à la chaude lumière de votre conscience. Grâce au climat paisible de la cinquième étape, vous les aurez situées dans le contexte beaucoup plus large de votre être véritable : cela devrait vous aider à minimiser leur importance par rapport à toute la richesse de votre âme. Le seul fait de faire face à vos blessures vous aidera à les guérir. Vous avez donc beaucoup à gagner en isolant une blessure spécifique afin de l'analyser à la lumière des douze étapes que nous sommes en train de décrire.

Enfin, vous atteindrez le moment de vérité où vous devrez repousser littéralement la souffrance en vous exclamant : « Disparais ! Cela suffit ! » Et, chaque fois qu'elle relèvera la tête, vous devrez lui confirmer qu'il n'y a plus de place pour elle dans vos sentiments. Pour vous aider, emplissez votre vie affective de substance positive : en vous consacrant aux problèmes des autres, aux plantes ou aux animaux, en étant actif dans le domaine de l'art, de la culture, en vous dépensant physiquement pour chasser la morosité, l'apitoiement sur soi et combler le vide qui attire les humeurs sombres.

En fait, le travail est le grand guérisseur : le travail qui est nécessaire, qui apporte une satisfaction, qui fait appel à toutes vos ressources et qui crée des liens avec autrui et de nouveaux centres d'intérêt. Mais vous devez être résolu à ne pas vous laisser affecter par les souvenirs ou les blessures qui, faute de détermination de votre part, ne cesseraient de se rappeler à vous par des signaux qui vous déprimeront, vous laisseront démuni et brisé. Si ces signaux persistent, vous devrez peut-être isoler une blessure particulière et lui appliquer le processus en douze étapes.

La puissance de la pensée, la persévérance et une approche positive de votre vie actuelle, tous peuvent vous aider à vous détacher du passé.

Il nous faut donc maintenant examiner avec la plus grande détermination les moyens d'adopter des attitudes positives afin de compléter les étapes de transformation des crises et des problèmes en une nouvelle énergie et un nouveau projet.

se tourner vers le pardon

9e étape

Pardonne et demande à être pardonné

D'autres personnes vont être impliquées dans cette étape. Depuis la deuxième, vous avez plongé dans votre problème, laissant aux autres le soin de se pencher sur les leurs. Vous en émergez, déterminé à tout renouveler. Vous vous êtes efforcé de vous délester des éléments du passé qui vous entravaient. Vous devez maintenant aborder un domaine difficile, mais d'une importance cruciale. Les autres personnes qui ont été impliquées dans votre parcours en ont aussi souffert d'une façon ou d'une autre: peut-être pas autant que vous, mais peut-être plus que vous. Car une personne qui vous a blessé et en a pris conscience peut en éprouver un malaise et être accablée par ce fardeau. Allez-vous la laisser en porter le poids, ou prendre des mesures pour lui pardonner ?

Cela signifie que vous devrez essayer de renouer avec elle, ce qui peut être difficile, voire même impossible. Si cette démarche s'avère impossible, vous pouvez adopter une attitude positive vis-à-vis de cette relation qui a mal tourné. Si elle a abouti à une rupture et qu'un mur s'élève maintenant entre vous, toutes vos bonnes intentions peuvent être frustrées. Souhaitez-vous abattre ce mur et renouer avec cette personne ? Si oui, le seul fait de formuler le désir du pardon sème une graine qui peut prendre des années à germer ; mais vous aurez fait votre possible. Vous aurez fait le premier pas parce que vous avez accepté de vous considérer comme responsable du mur qui s'est dressé entre vous. Vous devez « guérir » le souvenir de ce qui en a été la cause. Tout ce que vous avez déjà accompli devrait vous rendre plus facile de le percevoir sous un éclairage positif et d'entretenir votre volonté de réparation.

Vous devrez sans doute vous rappeler encore et encore que, si vous éprouvez à l'égard de quelqu'un une rancune, un ressentiment, si subtils soient-ils, vous portez un fardeau qui vous empêche d'évoluer vers une ère nouvelle. Vous avez peut-être renoncé *mentalement* à votre rancune, et la huitième étape que vous venez de traverser devrait vous avoir permis de l'éliminer aussi de vos *sentiments*. Mais comment l'autre personne peut-elle en être avertie si vous ne l'informez pas ou ne communiquez pas avec elle d'une manière ou d'une autre ? Si les moyens extérieurs font défaut, vous pouvez encore émettre de bonnes pensées à son intention et emplir l'espace qui vous sépare d'une chaleur positive. Parce qu'elle a déclenché la crise dont vous aviez besoin pour progresser dans votre développement personnel, vous devez maintenant être capable d'accepter la personne qui vous a attaqué ou blessé avec gratitude comme un instrument de votre moi plus évolué.

Ces pensées constructives auront leurs effets réparateurs, même si le bénéficiaire en ignore l'origine. De sorte que, si le lien émotionnel entre vous est rompu, un lien spirituel se formera à sa place. Pardonner est une faculté humaine précieuse. Il ne s'agit pas simplement de nier tout ressentiment ou de prétendre oublier les événements qui vous ont opposés. Le pardon est une force positive qui vous transforme et transforme l'autre. Ne doutez jamais de la valeur de cet effort. Même si vous n'en percevez pas les résultats immédiats, ou s'il ne provoque pas de réaction visible, la meilleure partie de l'autre, la partie spirituelle, accueillera l'offrande de votre pardon.

Vous pouvez vous tester et découvrir si vous avez réellement pardonné et évacué rancune ou ressentiment. Imaginez qu'une personne avec laquelle vous avez rompu connaisse une période difficile, une déception ou une crise, sans aucun rapport avec vous. Quelle est votre réaction ? Sentez-vous poindre en vous une légère satisfaction, une trace de joie ou, malgré vous, le sentiment réprimé que « Bon ! elle l'a bien mérité » ? Ou bien, au contraire, ses ennuis suscitent-ils en vous une sincère compassion et le désir de l'aider. Vous découvrirez peut-être qu'il vous reste encore beaucoup à faire en matière de pardon !

Il y a deux autres aspects du pardon à envisager. Le premier est que vous-même avez peut-être besoin d'être *pardonné* par l'une de vos relations. Peut-être avez-vous été agressif ou blessant, en actes ou en paroles ; peut-être avez-vous porté atteinte à sa propre image ou à sa confiance en elle ; ou avez-vous provoqué son désarroi ; ou êtes-vous perçu comme un traître. Cela devrait avoir fait clairement surface dans les étapes antérieures du processus, mais les ponts sont toujours coupés. Vous devrez mettre à l'épreuve l'humilité développée en vous tournant vers ces personnes et en sollicitant leur pardon.

La démarche est délicate, parce que vous n'avez peut-être pas conscience d'avoir causé des torts. Réparer le lien avec ceux qui se sont éloignés vous fera prendre la pleine mesure de l'effet de vos actes ou de vos comportements. Vous n'avez peut-être jamais eu la moindre intention de trahir, de tromper, ou de blesser, mais c'est ainsi que vous avez affecté telle ou telle personne. Vous devrez peut-être même admettre que vous vous êtes exprimé en termes trop durs, ou impolis. Si vous pouvez examiner cela clairement, vous y trouverez ce pour quoi vous devez demander à être pardonné. C'est le processus de réconciliation et c'est l'une des plus belles actions de l'être humain, à condition qu'il soit assez courageux et assez humble pour l'oser. Se réconcilier signifie reconstruire les ponts à partir des deux rives pour se rencontrer et s'unir en leur milieu : voulez-vous être celui qui reste en retrait jusqu'à ce que l'autre fasse le premier pas ?

L'autre forme de pardon consiste à *vous pardonner à vous-même.* Si vous avez pris conscience, en particulier au cours de la cinquième étape, que vous aviez perdu le contact avec votre moi véritable, vous aurez fait face à vos propres émotions. Continuer à vous culpabiliser parce que vous avez commis des erreurs ne présente aucune valeur constructive.

Nous sommes nombreux à le faire, et cela n'aide aucun d'entre nous. Si vous avez évolué jusqu'ici à travers toutes les étapes précédentes, vous devez maintenant être en mesure de vous dire : « Cette crise devait se produire pour me permettre de progresser. » Si vous ne pouvez pas vous pardonner à vous-même, c'est que vous vous accrochez à vos vieux bagages. Imaginez un papillon contraint de voler avec son cocon attaché à la queue !

Je vois ce qui est bon dans tout ce qui se produit

Êtes-vous en mesure d'éprouver de la gratitude, de la reconnaissance envers le déroulement de votre vie ? La reconnaissance est d'un grand secours pour accepter ce qui a été et ce qui peut advenir. Vous avez sans doute beaucoup réfléchi à la situation que vous travaillez à dénouer. Maintenant, le moment est venu de vous rendre calmement réceptif et de vous laisser envahir par l'enthousiasme et l'émerveillement sur la façon dont vous avez été capable de transformer cette crise.

Pouvez-vous éprouver de la gratitude ? Pouvez-vous remercier ceux qui vous ont bouleversé ou blessé ? Pouvez-vous être reconnaissant envers une destinée qui vous a apporté des deuils ou des accidents, mais qui vous a permis d'entrer plus intimement en contact avec vous-même ? Pouvez-vous être reconnaissant pour la persévérance qui vous a permis de supporter la douleur jusqu'à ce que vous soyez capable de la transformer ? Comme le pardon, la reconnaissance est l'une des grandes vertus humaines car elle libère le pouvoir du cœur. Nous avons dû approfondir notre compréhension du pardon ; nous devons maintenant faire la même chose avec la gratitude.

Normalement, la gratitude est une réaction envers quelque chose qui nous a procuré de la joie, du plaisir, facilité la vie ou qui, d'une façon ou d'une autre, nous a rassurés. On vous demande maintenant d'être reconnaissant vis-à-vis de ce qui a détruit votre propre estime, vous a blessé, désemparé. Ayant commencé à résoudre votre problème et découvert vos ressources profondes, vous pouvez vous retourner pour voir ce que vous avez gagné. Cela devrait vous inspirer de la gratitude.

Qu'avez-vous perdu et gagné ? Êtes-vous capable d'accepter ce que vous avez perdu à la lumière de ce que vous avez gagné, de penser et d'évaluer votre situation présente en ces termes ? Ou est-ce encore trop tôt ? La souffrance que vous avez pu éprouver peut exiger du temps pour s'atténuer. Vous n'êtes peut-être pas encore en mesure de ressentir de la gratitude envers ce qui vous est arrivé extérieurement ou intérieurement. Votre plan d'action fonctionne peut-être déjà avec des résultats encourageants, mais être capable de remercier votre destinée et tous ceux qui y ont été impliqués peut encore vous sembler impossible. N'en soyez pas troublé : faites simplement une pause et demandez-vous : ai-je des raisons d'être reconnaissant ? Cette question sèmera la graine de la gratitude.

Faire surgir une attitude de reconnaissance exige d'abord une certaine volonté : vous devrez pratiquement vous forcer à modifier le cours de vos émotions, ce que vous auriez trouvé impensable au début de la démarche. Mais vous disposez maintenant d'une plus grande liberté intérieure pour convertir vos émotions négatives en sentiments positifs. Suis-je reconnaissant d'avoir connu cette crise ? En vous posant cette question, vous vous mettez vous-même à l'épreuve. Si vous pouvez répondre « Oui, je suis reconnaissant », cela prouve que vous avez acquis une certaine maîtrise de votre énergie émotionnelle. Vous pouvez donc l'orienter vers une attitude positive. La crise vous a mis au défi de gagner cette maîtrise. Cela vous aide-t-il à lui en être reconnaissant ?

Ce pas vous semble-t-il de pure forme plutôt qu'essentiel ? Si c'est le cas, il est important que vous exploriez vos sentiments pour voir si vous y décelez encore quelque vieille hyène qui entretiendrait un désir de vengeance. Nous pouvons tous être très convenables et policés en apparence, et même plus en profondeur. Néanmoins, attention à la bête sauvage qui peut se tapir en silence sous vos bonnes intentions, car elle pourrait se réveiller à la faveur d'un autre problème, révélant alors que, dans la présente crise, vous n'avez pas suffisamment éclairci les zones d'ombre. Cette dixième étape est donc plus qu'un effort pour faire naître les bons sentiments : il faut aussi chasser les mauvais.

Mettre dans toute action une nouvelle énergie

Après la nuit, la lumière. Et après la lourdeur, la légèreté. Si vous avez eu le cœur lourd pendant la pénible traversée de votre crise, vous devriez en sortir empli de l'impression que votre cœur s'est allégé. Plus qu'une sensation euphorique de libération, plus qu'un saut par-dessus les éléments de la crise et un retour à une époque qui avait précédé son éruption, cela pourrait être une source de joie. Elle serait alors la troisième source intérieure que vous atteindriez : le pardon, la gratitude et, maintenant, la joie.

Nous nous souhaitons couramment un « joyeux » Noël, un « joyeux » anniversaire. Mais la joie véritable n'est pas une attitude passive, une sorte de satisfaction facile : c'est un effort de volonté dirigé et plein de chaleur appliqué à tout ce que nous entreprenons. Un jeune homme affligé d'un handicap mental et de sclérose en plaques m'a un jour déclaré : « Je ne m'ennuie pas parce que je prends plaisir à ce que je fais. » Tout ce qu'il faisait exigeait un effort. Être joyeux est effectivement un acte volontaire, comme tout ce qui contribue à élever, élargir, animer, ennoblir la vie. Une des raisons pour lesquelles la joie est rare dans notre monde contemporain est que nous ne voyons pas qu'il dépend de nous de trouver en notre âme le levain qui peut élever la qualité de tous nos actes.

Des étapes que vous avez parcourues ont dû naître de nouveaux buts, de nouveaux objectifs ainsi qu'une nouvelle compréhension de vous-même. Vous aurez cultivé votre aptitude au pardon et à la gratitude. Le problème qui a déclenché votre démarche peut-il maintenant disparaître ? Il a joué son rôle positif, celui de vous permettre d'aller de l'avant avec une motivation et une énergie nouvelles.

L'expression *joie de vivre* introduit dans la joie la notion du vivant : comme la lumière, la joie peut investir tous les espaces où on ne l'empêche pas de s'épanouir. Vous pouvez penser avec joie aux buts et aux mystères de votre être et de votre existence et infuser chaque jour cette énergie dans les petites choses qui composent notre vie. La même tâche fastidieuse et peu valorisante effectuée par obligation peut être une *corvée* ou devenir une *révélation* selon le degré d'intérêt avec lequel on s'y consacre.

Je suis prêt à aller de l'avant

Être en paix signifie d'abord être en paix avec vous-même. Vous ne pouvez espérer être en paix avec les autres, avec Dieu ou votre destinée, si vous n'êtes pas en paix avec vous-même.

Il y a de fortes chances pour que les autres vous pardonnent plus facilement que vous ne vous pardonnez à vous-même, et, de toute façon, Dieu est beaucoup plus prompt à pardonner que nous ne l'imaginons. Répondre aux attentes des autres peut vous demander beaucoup d'efforts, mais ce que vous exigez de vous-même peut agir comme un fouet ou un fer rouge qui vous déchirent l'âme.

Pour la plupart, nous avons tendance à être durs avec nous-mêmes. Nous convoitons amour et considération ; mais, si nous ne nous accordons ni l'un ni l'autre, tout l'amour et la considération de ceux qui nous entourent passeront comme l'eau à travers une passoire.

Vous pouvez réparer ou clarifier vos rapports avec les autres, mais vous n'y serez pas en paix si vous entretenez une relation tourmentée avec vous-même. Toute la confiance du monde peut vous être offerte, vous vivrez toujours dans le malaise si vous ne vous aimez pas vous-même. Vous pouvez adresser à Dieu d'ardentes prières pour qu'il vous accorde son aide et, dans le même temps, bloquer la grâce de sa réponse si vous n'avez pas suffisamment confiance en vous.

Il n'existe pas de recette facile pour trouver la confiance en soi. Vous devez d'abord vous connaître. Résoudre un problème doit vous permettre de faire l'expérience d'une chose qui peut d'abord sembler sans rapport avec lui, mais qui joue en réalité un rôle crucial dans ce que nous faisons ici : la distinction entre ce que vous percevez et vous-même en tant qu'*individu qui perçoit*. Ce que vous percevrez inclut les faits relatifs au problème que vous affrontez, les autres personnes qui y sont impliquées et les sentiments que vous éprouvez : ces trois éléments font partie de ce que *vous percevez*. Par ailleurs, vous existez indépendamment de ces trois éléments : vous n'êtes pas votre souffrance, vous n'êtes pas votre faiblesse, vous n'êtes pas vos humeurs. En éprouvant ces derniers, vous prenez conscience d'avoir une identité indépendante d'eux. En *pensant* cette perception, vous « re-connaissez » et affirmez ainsi votre individualité. Cette expérience de votre véritable individualité vous dissocie de la tourmente de vos sentiments et de tout ce qui fait pression sur vous. Au lieu de vous submerger, ce recul vous permet alors d'être réceptif à ce qui vient à vous avec le calme de votre être véritable. Il aide à apaiser le tumulte des sentiments et à les transformer en un lac tranquille qui reflète le ciel et les paysages qui l'entourent. Le calme engendre la paix. La *petite personne* qui, en vous, s'efforce de faire tout ce qu'elle doit faire, qui s'inquiète et souffre en le faisant, a parfois besoin d'être tenue et couvée, ne serait-ce qu'un instant, par la *grande personne* en vous qui est toute paix et sagesse, comme l'enfant Jésus est tenu par la Madone.

Cette paix vous permet de poursuivre, mais vous ne tournez pas en rond car vous ne regagnez pas exactement le point d'où vous êtes parti. Vous

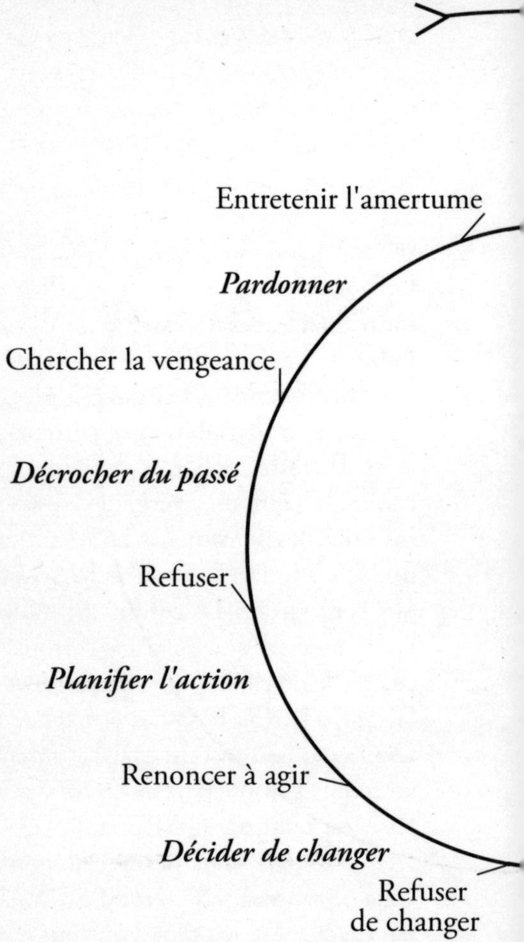
Entretenir l'amertume
Pardonner
Chercher la vengeance
Décrocher du passé
Refuser
Planifier l'action
Renoncer à agir
Décider de changer
Refuser de changer

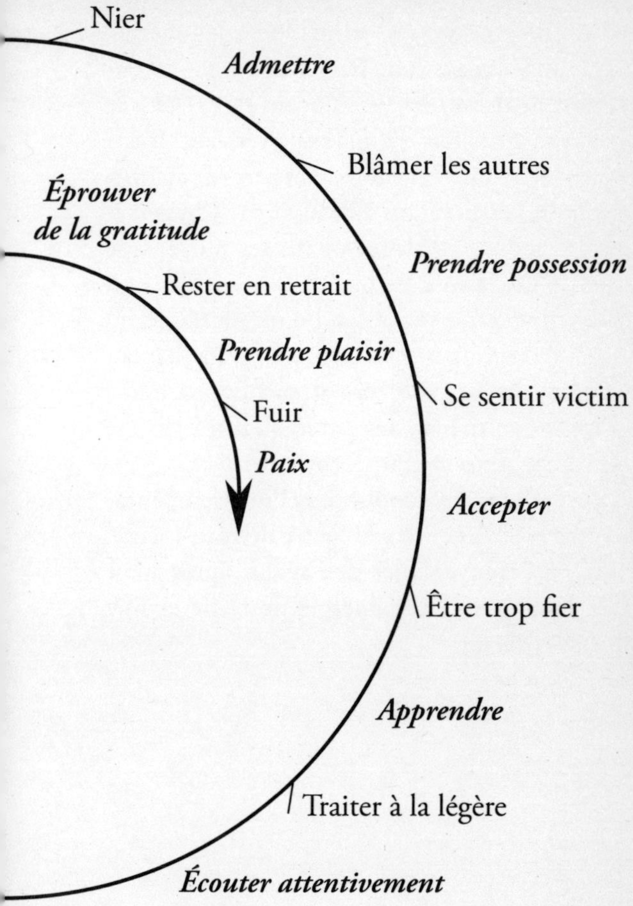
Nier
Admettre
Blâmer les autres
Éprouver
de la gratitude
Prendre possession
Rester en retrait
Prendre plaisir
Se sentir victim
Fuir
Paix
Accepter
Être trop fier
Apprendre
Traiter à la légère
Écouter attentivement

parcourez une spirale qui évolue vers l'intérieur et vous entraîne vers le centre de vous-même. Dans le développement personnel, chaque pas vers l'intérieur est un pas en avant. Il existe une autre façon de sortir d'une crise: vers l'extérieur d'abord, en évitant la réalité, en cherchant la distraction ou la fuite dans l'illusion par l'hyperactivité, le recours à l'alcool ou autres moyens de tourner le dos à tout ce qui vous perturbe. Qui aime se concentrer sur le fond d'un problème au lieu de s'en détourner ? Mais alors, généralement en s'aggravant, le problème attend la prochaine occasion de se manifester parce qu'il n'a pas été affronté, reconnu et transformé.

La spirale vous a conduit vers l'intérieur, à travers votre problème, vers le centre de vous-même. De là, vous pouvez aller de l'avant, après avoir atteint la source d'une énergie nouvelle et une promesse d'avenir.

Derniers points

Si vous avez traité votre problème par cette méthode, il est possible qu'au fil des douze étapes vous ayez soulevé et réglé des problèmes qui s'étaient accumulés au cours de votre vie et dont vous n'aviez pas pris clairement conscience auparavant. Nous pouvons établir un parallèle avec le bien-être physique : dans un corps débarrassé de ses toxines, les blessures et infections guérissent rapidement. De même, une personne qui résout ses problèmes au fur et à mesure qu'ils se produisent n'est pas menacée de les voir provoquer une crise grave à la moindre anicroche.

Que dire des petits problèmes quotidiens qui n'appellent pas une démarche d'une telle ampleur ? Vous ne pouvez dénouer chaque ennui mineur par le parcours des douze étapes, bien que chacune d'elles puisse lui être appliquée. Vous pouvez alors envisager de recourir aux quatre premières étapes et de laisser leurs effets agir d'eux-mêmes. Quand vous cassez une tasse, ramassez les morceaux et ne cherchez pas autour de vous quelqu'un qui le fasse à votre place ; et pendant que vous jetez les morceaux à la poubelle, voyez si vous pouvez en tirer une leçon. Si vous faites tomber une chose qui roule et échappe à votre regard, vous la retrouverez beaucoup plus rapidement en gardant votre calme au lieu d'être exaspéré par votre maladresse. Et, quand vous interrompez quelqu'un, dites simplement : « Excusez-moi, je vous ai interrompu. » Souvent, le problème n'est pas tant l'événement lui-même que notre façon d'y réagir et de nous fustiger après coup.

Il est parfois nécessaire d'interrompre le processus de résolution d'une crise ou d'un problème jusqu'au moment où l'on peut à nouveau s'y consacrer. Les acteurs et les pilotes apprennent tous que, lorsqu'ils font une erreur, ils doivent poursuivre leur activité sans s'arrêter pour l'analyser – ils pourront le faire plus tard, mais, dans l'immédiat, ils doivent continuer. D'une certaine façon, ne sommes-nous pas tous des acteurs ou des pilotes ? En pratiquant la méthode en douze étapes pour résoudre nos problèmes, on peut espérer qu'ils seront de plus en plus rares et que, s'ils se produisent, ils seront résolus avant de prendre une trop grande ampleur. Idéalement, nous devrions parvenir à anticiper les *problèmes* et à les résoudre avant qu'ils se transforment en véritables crises.

La vie contemporaine bombarde nos sens et nous prive de la possibilité d'analyser nos perceptions. Nous percevons non seulement ce que nos sens nous transmettent, mais aussi ce qui émerge dans notre conscience à travers nos sentiments et nos émotions. Nos concepts, c'est-à-dire ce que nous pensons de nos perceptions, ne proviennent pas de la même source qu'elles. Ils viennent du monde des pensées. Le défi spirituel de l'homme moderne est de distinguer ces deux sources. Il ne peut le faire que par son aptitude à penser. L'impact émotionnel d'une crise développe la perception : il y a tant à affronter, à sentir, tant d'informations à accueillir que notre aptitude à la *cognition*, c'est-à-dire à tout penser, en est submergée.

Le schéma en douze points est destiné à nous permettre de frayer notre chemin non seulement à travers les faits que nous percevons, mais aussi à travers l'écheveau des sentiments et des émotions qui montent en nous. En faisant face objectivement à tout ce « matériau » et en distinguant clairement les faits et les sentiments qu'ils nous inspirent, nous nous donnons une chance d'équilibrer ce que *nous percevons* et ce que *nous concevons*. C'est une grande libération.

Vous allez continuer à aller de l'avant. L'avenir, sans aucun doute, vous réserve d'autres problèmes et d'autres crises à affronter qui vous permettront d'évoluer. Êtes-vous maintenant plus apte à leur faire face ?

Je l'espère.

Portez-vous bien !

les Clés de la CNV

➤ Les mots sont des fenêtres (ou des murs)

Marshall B. Rosenberg

Riche de 30 ans de pratique sur le terrain, l'auteur nous explique comment transformer les conflits latents en de paisibles dialogues, indique les moyens de rentrer dans une ère nouvelle, toute consacrée à la non-violence ! Un livre ? Un message de paix !

272 pages • 16,50 € / 29 CHF

Pour ce livre, vente dans tous les pays sauf la France.
Vente en France : Éd. de La Découverte.

Achevé d'imprimer sur rotative par l'Imprimerie Darantiere à Dijon-Quetigny
en décembre 2007 - Dépôt légal : janvier 2008 - N° d'impression : 27-1934

Imprimé en France

Dans le cadre de sa politique de développement durable, l'imprimerie Darantiere a été référencée IMPRIM'VERT® par son organisme consulaire de tutelle. Cette marque garantit que l'imprimeur respecte un cycle complet de récupération et de traçabilité de l'ensemble de ses déchets.